ALBUM DES VUES et PAYSAGES.

PETIT VOYAGE PITTORESQUE ET EN ZIG-ZAG.

DE PARIS AUX ILES MARQUISES.

PARIS

BUREAUX DU MAGASIN DES FAMILLES, 34, RUE RICHER.

1850

Imp. d'Ad. BLONDEAU, rue du Petit-Carreau, 32.

ALBUM

DE

VUES et PAYSAGES.

PETIT VOYAGE PITTORESQUE ET EN ZIG-ZAG.

Vue de Bercy.

DE PARIS AUX ILES MARQUISES.

PARIS

BUREAUX DU MAGASIN DES FAMILLES, 34, RUE RICHER.

—

1850

Vue de Conflans.

Vue de Poissy.

Vue de Corbeil.

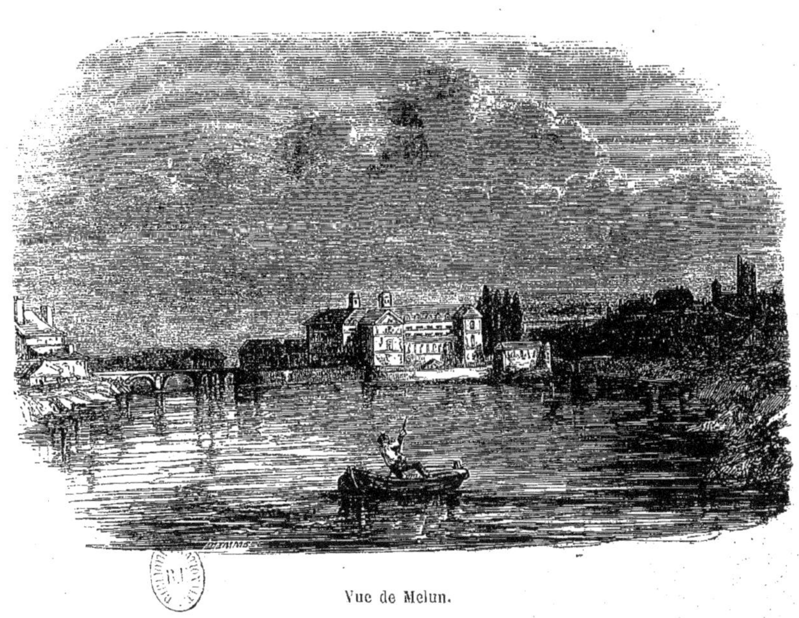

Vue de Melun.

Vue de Bar-sur-Seine.

Vue de Troyes.

Vue de Mantes.

Vue de Chantilly.

Vue de Montereau.

Vue d'Orléans (Bords de la Loire.)

Vue de Tours.

Vue de la cathédrale de Spire.

Vue de Nantes.

Vue de la Grande-Chartreuse.

Vue des environs de Rouen.

Vue de l'église des Andelys.

Vue de la Patache de Marseille

Vue du Pont du Gard, à Nimes.

Vue du Panthéon, à Rome.

Vue de Saint-Pierre-du-Vatican, à Rome.

Vue de la Trinité-du-Mont, à Rome.

Vue de Saint-Paul, à Rome.

Vue des ruines d'Herculanum.

Vue des ruines de Pompeï.

Vue de Genève.

Vue de Zurich.

Vue de la vallée de Spudgen (Rhin.)

Vue de Berne.

Vue de Saint-Domingue.

Vue de Taïti. (Marquises.)

Paris. — De l'imprimerie d'AD. BLONDEAU, rue du Petit-Carreau, 32.

www.ingramcontent.com/pod-product-compliance
Ingram Content Group UK Ltd.
Pitfield, Milton Keynes, MK11 3LW, UK
UKHW020223200726
13856UKWH00004B/1574

9 782011 942623